BLED

CE2

8/9 ans

Dictées

Daniel Berlion

hachette
ÉDUCATION

Ce qu'il faut savoir

Des conseils complémentaires

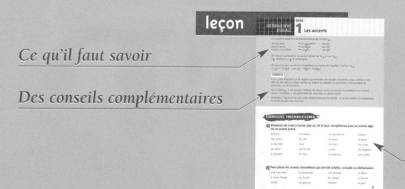

Des exercices progressifs pour préparer les dictées

Un mot de la dictée expliqué

Quelques conseils orthographiques liés à ce mot

Des lignes pour faire la dictée

Des corrigés où la couleur met en valeur les éléments essentiels de chaque réponse

Au centre du cahier, quatre pages de dictées détachables

Couverture : Karine Nayé
Illustration de couverture : Julien Flamand

Intérieur
Conception graphique : SG Création
Réalisation PAO : Maogani

www.hachette-education.com
© Hachette Livre 2010, 43, quai de Grenelle, 75905 Paris Cedex 15
ISBN : 978-2-01-169881-0

ORTHOGRAPHE D'USAGE

1 Les accents ❏ ....
2 Le son [k] : c, k, qu, ck ❏ ....
3 Le son [s] : s, ss, c, ç, sc, t ❏ ....
4 Le son [ʒ] : g, ge, j ❏ ....
5 Les lettres finales muettes ❏ ....
6 Des homonymes ❏ ....

ORTHOGRAPHE GRAMMATICALE

7 m devant m, b, p ❏ ....
8 L'accord du nom ❏ ....
9 Les accords dans le groupe du nom ❏ ....
10 L'accord du verbe ❏ ....
11 a ou à ❏ ....
12 est ou et ❏ ....
13 sont ou son ❏ ....
14 ont ou on ❏ ....

CONJUGAISON

15 Le présent de l'indicatif des verbes du 1er groupe ❏ ....
16 Le présent de l'indicatif des verbes des 2e et 3e groupes ❏ ....
17 L'imparfait de l'indicatif ❏ ....
18 Le futur simple ❏ ....

Test En route pour le CM1

Alphabet phonétique

VOYELLES

[i] mie, gris, midi

[e] dé, des, les

[ɛ] lait, tête, belle, neige

[a] patte, sac, vache

[ɑ] pâte, âne, tas

[ɔ] corps, bol, sotte

[o] gros, épaule, sot

[u] fou, moule, cour

[y] pur, sur, mûr

[ø] deux, heureux

[œ] leur, jeune, œuvre

[ə] demain, cheveux, me

[ɛ̃] lin, frein, main, faim

[œ̃] brun, humble

[ã] clan, franc, tente, temps

[ɔ̃] mouton, long, monter

CONSONNES

[p] porte, appétit, pêche

[b] bal, bouche, aborder

[t] porte, train, attendre

[d] dent, adorer, pardon

[k] clé, kiwi, marque, stock

[g] gomme, gare, naviguer

[f] foire, photographie, effort

[v] voile, navire, wagon

[s] assez, place, leçon, portion

[z] zèbre, prison, zigzag

[ʃ] chien, mouche, chat

[ʒ] rougir, jus, cageot, cirage

[m] pomme, mer, marmite

[n] nager, anémone, nourrir

[ɲ] montagne, gagner, borgne

[l] lien, laisser, mille

[ʀ] rire, fourrure, rat

SEMI-VOYELLES

[j] yeux, œil, fille, grenier

[ɥ] fuir, huit, bruit, duel

[w] oui, foi, loin, fouet

BLED 1 Les accents

Les accents modifient la prononciation de la lettre **e**.

accent aigu   → *la télévision*   son [e]
accent grave   → *la mère*   son [ɛ]
accent circonflexe   → *la tête*   son [ɛ]

On trouve quelquefois un accent grave sur le **a** et sur le **u**.
Où habites-tu ? À la campagne.

On peut trouver un accent circonflexe sur toutes les voyelles, sauf sur le **y**.
un âne – la fête – une île – drôle – le goût

CONSEILS

Il n'y a pas d'accent sur la voyelle qui précède une double consonne, mais, comme il est difficile de savoir s'il faut mettre un accent ou doubler la consonne, il est prudent de consulter un dictionnaire.

Sur la lettre **e**, il est souvent difficile de choisir entre un accent circonflexe et un accent grave. Là encore, il est préférable de consulter un dictionnaire.

Attention ! les accents sont aussi importants que les lettres ; si on les oublie, on complique la tâche de ceux qui vont lire.

EXERCICES PRÉPARATOIRES

1 **Prononce ces mots à haute voix et, s'il le faut, complète-les avec un accent aigu ou un accent grave.**

la levre	un metre	un probleme	reunir
une piece	le cafe	la mere	la lettre
se decider	l'ete	la terre	un siege
un eleve	un tresor	ecrire	un legume
le present	le frere	la maniere	une perle

2 **Pour placer les accents circonflexes qui ont été oubliés, consulte un dictionnaire.**

jouer un role	la maitresse	un chateau	le diner
le mois d'aout	un hotel	la chaine	le baton
bruler	un gateau	bientot	la pate

5

DICTÉE 1 — De futurs acteurs

Vocabulaire : **le théâtre**
Bâtiment où des acteurs jouent des pièces.
Ce nom désigne aussi le spectacle présenté à un public par des comédiens qui dialoguent.
*Ce nom prend un **h** après le **t** comme dans : le thé, une source thermale, le thermomètre.*

Corrections :

....

....

DICTÉE 2 — Les escargots

Vocabulaire : un vêtement **imperméable**
Vêtement qui ne se laisse pas traverser par l'eau et protège donc de la pluie.
*Ce mot commence par le préfixe **im-** qui veut dire « le contraire ». Ici, le préfixe s'écrit avec un **m** parce qu'il est placé devant la lettre **p**.*

Corrections :

....

....

BLED 2

Le son [k]

Le son [k] peut s'écrire :
– **c** devant **a**, **o**, **u**, ou en fin de mot : *la carte – la récolte – connaître – l'échec*
– **k** : *un kilo – le skieur – un anorak – la kermesse*
– **qu** : *le casque – quitter – quatre – quotidien*
– **ck** dans certains mots d'origine étrangère : *le ticket – le jockey – le stock*

En cas d'hésitation, il faut utiliser un dictionnaire.

CONSEILS

Lorsqu'un mot commence par la syllabe **ac-**, la lettre **c** est souvent doublée.
accuser – un accord – accrocher – acclamer

Mais il y a des exceptions : *un acrobate, l'acacia, un acompte,* et il est prudent de vérifier dans un dictionnaire.

Quelquefois, le groupe de lettres **ch** se prononce [k].
la chorale – la technique – une orchidée

On peut penser à un mot de la même famille dont on connaît bien l'orthographe.
le chœur → le choriste

EXERCICES PRÉPARATOIRES

1 Utilise un dictionnaire pour compléter ces mots avec **c**, **qu** ou **k**.

le ....araté	au....un	....el....'un	la ban....e	le ....artier
un blo....	une bouti....e	le trafi....	le ....arton	cha....e
une ....ulotte	un pa....et	la ré....olte	un ....imono	un ....épi
une ....aravane	la ....eue	une ....ille	un ....lown	un ....angourou
un ....ilomètre	la ....ollection	la dé....ouverte	un lo....al	le cir....e
....otidien	la mar....e	le ....ai	....arante	une ....iche

2 Utilise un dictionnaire pour compléter ces mots avec **c** ou **cc**.

un a....ord	un cro....odile	un a....ident	a....user	une o....asion
é....orcher	a....lamer	o....uper	une sa....oche	é....raser
re....oller	l'é....ole	la lo....ation	un ta....ot	un mo....assin
la mé....anique	un sé....ateur	dé....orer	a....ourir	le tri....ot

 **À la montagne**

> **Vocabulaire : une excursion**
>
> Action de parcourir une région pour l'explorer, la visiter.
>
> Synonymes : une promenade, une balade, une randonnée, une sortie, un voyage.
>
> *Le début de ce mot est difficile à écrire ; il ne faut pas oublier de lettres comme dans : l'excuse, l'exclusion, l'exclamation.*

Corrections :

....

....

DICTÉE 4 **Un repas rapide**

> **Vocabulaire : un ticket**
>
> Petit morceau de papier ou de carton donnant droit à un service ou à une entrée : un ticket de métro, un ticket d'autobus. Un ticket de caisse désigne la note que nous remet le caissier.
>
> *Dans ce mot, le son [k] s'écrit **ck** comme dans d'autres mots d'origine anglaise : un jockey, le hockey, le rock, un bifteck, un cocktail, un stock.*

Corrections :

....

....

ORTHOGRAPHE D'USAGE

BLED 3 Le son [s]

Le son [s] peut s'écrire **s**, **ss**, **c**, **ç**, **sc**, ou même **t**.
la **s**alade – traver**s**er – pour**s**uivre – la po**s**te
le cou**ss**in – une ta**ss**e – le bui**ss**on – pa**ss**er
tra**c**er – la pla**c**e – une **c**igarette – la poli**c**e
la le**ç**on – la balan**ç**oire – la fa**ç**ade – le fran**ç**ais
la pi**sc**ine – la **sc**ène – de**sc**endre – la **sc**ience
une puni**t**ion – la por**t**ion – la loca**t**ion

Attention ! entre deux voyelles, la lettre **s** se prononce [z].
la mai**s**on – la sai**s**on – une occa**s**ion – la mu**s**ique

CONSEILS

Comme il est souvent difficile de choisir entre toutes ces lettres, il est préférable, en cas de doute, de consulter un dictionnaire.

En fin de mot, la lettre **s** est souvent muette, notamment lorsqu'elle marque le pluriel.

EXERCICES PRÉPARATOIRES

1 **Dans ces mots, on entend le son** [s]. **Complète-les avec ss ou s.**

bro....er	le do....ier	di....paraître	la mou....e	re....ter
la cour....e	di....tribuer	un e....ai	gli....er	le fo....é
une ca....ette	un carro....e	la pi....te	con....idérable	dre....er

2 **Dans ces mots, on entend le son** [s]. **Utilise un dictionnaire pour les compléter avec c, ç ou s.**

la re....ette	la ra....ine	un gar....on	la for....e	la répon....e
le ....ucre	une ....entaine	un ....entier	la chan....e	un gla....on
aga....ant	un rempla....ant	la dan....e	la mali....e	tri....te

3 **Dans ces mots, on entend le son** [s]. **Utilise un dictionnaire pour les compléter avec ss, sc ou t.**

la mi....ion	la répara....ion	la condi....ion	la pa....ion	atten....ion
la ....ierie	une émi....ion	la di....ipline	l'opéra....ion	les ini....iales
la tradi....ion	la posi....ion	l'acroba....ie	la discu....ion	une permi....ion

DICTÉE 5 . Un jeu dangereux

Vocabulaire : **l'apparition**

Action d'apparaître, de se montrer aux yeux de quelqu'un. Cette action, souvent inattendue, surprend.

*Comme beaucoup de mots qui commencent par **app-**, **apparition** s'écrit avec deux **p**.*
Attention cependant à quelques exceptions : apercevoir, aplatir, après, apaiser, l'apéritif.

Corrections :

....

....

DICTÉE 6 . Chez la voyante

Vocabulaire : être **superstitieux**

Croire que certains signes, certaines actions vont porter bonheur ou malheur. Par exemple, un trèfle à quatre feuilles porterait bonheur et passer sous une échelle porterait malheur.

*Le **t** de la dernière syllabe de **superstitieux** se prononce [s] comme dans : ambitieux, minutieux, patient, balbutier, confidentiel.*

Corrections :

....

....

BLED

4 Le son [ʒ]

Le son [ʒ] peut s'écrire :
- **g** devant **e**, **i** ou **y** : le **g**enou – le cira**g**e – rou**g**ir – la **g**ymnastique
- **ge** devant **a** ou **o** : un ca**ge**ot – la ven**ge**ance – un plon**ge**on
- **j** : **j**amais – **j**eudi – **j**ouer – du **j**us

Il est souvent difficile de choisir entre **g** et **j** devant la lettre **e**.
jeter – **j**eudi – le su**j**et – le tra**j**et   **g**eler – **g**émir – le **g**endarme – la tra**g**édie

Devant **a** et **o**, il faut placer un **e** après le **g** pour obtenir le son [ʒ].
une orang**e**ade – une nag**e**oire – une démang**e**aison – un pig**e**on

CONSEIL

Quand on conjugue un verbe terminé par **-ger** à l'infinitif, il faut bien regarder la première lettre de la terminaison. Si elle débute par **a** ou **o**, il faut placer un **e** après le **g**.
man**ger** → nous mang**e**ons – ils mang**e**aient – en mang**e**ant

EXERCICES PRÉPARATOIRES

1 Utilise un dictionnaire pour compléter ces mots par **g** ou **j**.

la gran...e	la ...alousie	le ré...ime	un piè...e	la ma...orité
un bi...ou	un ma...icien	mi...oter	re...eter	une ma...uscule
dé...euner	a...outer	un ...eton	le verti...e	l'auber...ine
la dra...ée	la ...oue	le cortè...e	ma...estueux	un pro...et

2 Dans ces mots, on entend le son [ʒ]. Complète-les par **g** ou **ge**.

un plon....on	ima....iner	la rou....ole	un na....eur
déména....er	a...ile	rou....âtre	allon....er
la man....oire	un bour....on	un diri....ant	le villa....ois

3 Donne un mot de la même famille que chacun des verbes suivants.

juger	→ **la justice**	givrer	→ le ....
geler	→ une	jongler	→ le ....
jardiner	→ le	gifler	→ la ....
gémir	→ un	jumeler	→ des ....

 **Un jardin**

Vocabulaire : **le géranium**
Plante ornementale aux fleurs rouges, roses, violettes ou blanches.
Ce nom se termine par le son [ɔm] qui s'écrit **-um** *comme dans : un podium, le minimum, le sérum, le calcium, l'aquarium.*

Corrections :

....

....

DICTÉE 8 **Les jeux de la cour de récréation**

Vocabulaire : **hypnotiser**
Endormir, éblouir quelqu'un au point qu'il oublie tout le reste. On dit que certaines personnes (par exemple, les magiciens) peuvent hypnotiser les gens en les fixant intensément.
Ce mot est difficile à écrire ; il faut l'épeler lentement et se souvenir qu'il débute par **hy-**.

Corrections :

....

....

Les lettres finales muettes

Pour trouver la lettre finale muette d'un nom ou d'un adjectif, on peut essayer de former son féminin ou chercher un mot de la même famille dans lequel on entend la lettre.

fort → for**t**e   un candidat → une candida**t**e
le lar**d** → les lar**d**ons   l'univer**s** → univer**s**el

CONSEILS

Comme on ne trouve pas toujours de mot de la même famille, il est prudent de vérifier, en cas de doute, l'orthographe du mot dans un dictionnaire.
le poi**ds** – le hou**x** – un buvar**d** – un nœu**d** – le foi**e** – le circui**t**

Attention ! il y a des exceptions pour lesquelles le mot dérivé peut entraîner une erreur : soit on placerait une lettre qui n'existe pas, soit on se tromperait de lettre.
numéroter → le numér**o**   juteux → le ju**s**

EXERCICES PRÉPARATOIRES

1 **Écris les adjectifs au masculin.**

porter une veste longue   →   porter un pantalon ....

résumer une histoire courte   →   résumer un texte ....

rencontrer une fillette blonde →   rencontrer un garçon ....

remplacer une maîtresse absente →   remplacer un maître ....

ramasser une branche morte   →   ramasser du bois ....

2 **Écris un nom de la même famille que chacun de ces mots.**

la permission → le ....   de la nougatine → du ....

transporter → le ....   regarder → le ....

se reposer → le ....   le dentiste → une ....

une rangée → un ....   galoper → le ....

la laiterie → le ....   un chanteur → le ....

3 **Consulte un dictionnaire pour compléter ces noms.**

un gan...   un tron...   le pri...   le spor...   un restauran...

un palai...   le concer...   le refu...   du lila...   un escargo...

le débu...   un quar...   du siro...   un ni...   du persi...

DICTÉE 9 . Un chat équilibriste

Vocabulaire : le sang-froid
Garder son sang-froid, c'est ne pas céder à la panique, ne pas montrer ses émotions, garder sa présence d'esprit. Mais de quelqu'un qui se met facilement en colère, on dit qu'il a le sang chaud.
Il s'agit d'un nom composé qui s'écrit avec un trait d'union et qui ne s'emploie jamais au pluriel.

Corrections :

....

....

DICTÉE 10 . Un concours redoutable

Vocabulaire : un traquenard
Autrefois, c'était un piège fait de morceaux de bois pour prendre les animaux nuisibles. Aujourd'hui, ce mot s'emploie comme un synonyme de « piège tendu à quelqu'un ».
Comme beaucoup de noms terminés par le son [aʀ]*, ce nom s'écrit* **-ard** *: le canard, le regard, le brouillard, le poignard, le dossard, le retard, le placard.*
Mais il existe d'autres terminaisons : le bazar, le char ; le départ, l'écart ; le phare, le cigare.

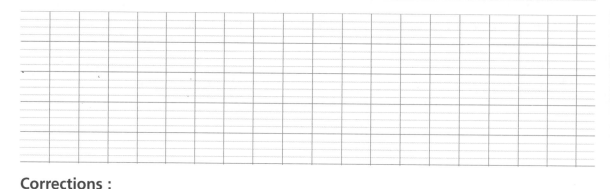

les t c d f Vincent Magali Rémy l l f t d

Corrections :

....

....

BLED

6 Des homonymes

Les homonymes sont des mots qui se prononcent de la même façon. Il n'est possible de les distinguer qu'à l'écrit car, le plus souvent, ils ont des orthographes différentes.
*un morceau de **pain** – un meuble en **pin** – Farid **peint** les murs.*

CONSEILS

Pour distinguer des mots homonymes, il faut examiner le contexte (les mots qui se trouvent autour d'eux) et chercher le sens de la phrase.
*Éric suce encore son **pouce**.* → *Il s'agit du plus petit doigt de la main.*
*Manuel **pousse** la porte.* → *Il s'agit du verbe **pousser**, conjugué au présent.*

Le dictionnaire permet aussi de trouver le sens des mots.

Certains noms ont la même orthographe, mais des genres et des sens différents.
***le Tour** de France*   ***la tour** du château*
***le manche** de la pelle*   ***la manche** de la veste*

EXERCICES PRÉPARATOIRES

1 **Complète chaque phrase avec un homonyme du mot entre parenthèses.**

(signe)   Le .... blanc promène son beau plumage sur l'étang.

(quart)   Les élèves attendent le .... de ramassage.

(conte)   Le .... est bon : cela fait exactement dix euros.

(roux)   La .... arrière de ce vélo est voilée.

(fard)   Le .... de l'île de Sein guide les bateaux.

(chêne)   Ce soir, nous regardons la 5ᵉ .... de télévision.

(laque)   Je fais une promenade en pédalo sur le .... de Nantua.

(sang)   Le skieur dévale la pente .... son bonnet.

2 **Complète les expressions pour bien distinguer le sens des homonymes.**

un **père** de ....   une **paire** de ....

un **chant** de ....   un **champ** de............................

un **ver** de ....   un **verre** de............................

un **mètre** de ....   un **maître** d'............................

la **fin** du .... de **faim**

ma **tante** et mon ....   une **tente** pour ....

DICTÉE 11 Le retour des pêcheurs

Vocabulaire : **le chalutier**
Bateau de pêche qui traîne un filet de grande taille en forme d'entonnoir où les poissons viennent se prendre ; ce filet s'appelle **un chalut**.
Dans ce mot, il n'y a pas de consonne double.
On peut trouver la lettre muette du mot **chalut** *en pensant au mot* **chalutier**.

Corrections :

....

....

DICTÉE 12 Les proverbes

Vocabulaire : la vie **quotidienne**
C'est la vie de tous les jours. Un événement quotidien revient tous les jours, il est habituel. D'un journal qui paraît chaque jour, on dit que c'est **un quotidien**.
Le son [ko] *s'écrit* **quo-** *comme dans : quoi, le quotient, un quolibet. Cette écriture du son* [ko] *en début de mot est assez rare. Le plus souvent, il s'écrit* **co-** *: le colis, le cochon, le commerce.*

Corrections :

....

....

BLED

7 m devant m, b, p

Devant les consonnes **b**, **m**, **p**, on écrit **m** à la place du **n**, sans changement de prononciation des sons voyelles [ã], [ɛ̃], [ɔ̃].

*la ja**m**be – le ta**m**bour – la la**m**pe – ca**m**per – un cha**m**p*
*tre**m**bler – se**m**blable – e**m**mener – la te**m**pérature – e**m**mêler*
*to**m**ber – un po**m**pier – l'o**m**bre – so**m**bre – co**m**battre*
*gri**m**per – si**m**ple – l'i**m**primerie – i**m**mangeable*

CONSEIL

Dans certains mots, le **n** ne se transforme pas en **m** devant ces trois consonnes. Il faut retenir ces mots :

*un bo**n**bon – un bo**n**bonnière – une bo**n**bonne – néa**n**moins – l'embo**n**point*

Certains noms propres font également exception :

*Ista**n**bul :* une grande ville de Turquie
*Gute**n**berg :* l'inventeur de l'imprimerie

EXERCICES PRÉPARATOIRES

1 **Complète ces mots comme il convient.**

en ou em

r.........trer chez soi

.........piler les assiettes

r.........contrer des difficultés

un r.........part de château fort

an ou am

une ch.........bre à coucher

m.........ger de bon appétit

br.........cher le tuyau d'arrosage

jouer du t.........bour

on ou om

laver le p.........t du voilier

donner un n.........bre

faire une l.........gue promenade

s'allonger à l'.........bre

in ou im

t.........brer une lettre avant de la poster

résoudre un problème très s.........ple

r.........cer les p.........ceaux

se baigner dans une eau l.........pide

2 **Complète les mots de ces phrases avec n ou m.**

Le carreleur e......bauche un nouvel appre......ti.

Le chauffeur regarde son co......pteur de vitesse à l'e......trée du village.

Le cha......pion oly......pique reçoit une médaille d'or.

Le plo......geur e......file sa co......binaison et ajuste son masque.

J'e......pru......te un se......tier à la recherche de cha......pignons.

DICTÉE 13 · Des travaux de voirie

Vocabulaire : une décennie
Période de dix années.
Nom qui prend deux **n** *et dans lequel le son* [s] *s'écrit avec un* **c**, *à rapprocher de la famille de* **dix** : *décimal, un décimètre, décennal.*
Il ne faut pas confondre une **décennie** *avec une* **décade**, *période de dix jours seulement.*

Corrections :

....

....

DICTÉE 14 · La fête de la musique

Vocabulaire : sympathique
Agréable, charmant, plaisant, intéressant.
Mot d'origine grecque difficile avec un **y** *et le suffixe* **pathique** *que l'on retrouve dans* **télépathique** *ou* **antipathique** *(antonyme de* **sympathique***).*

Corrections :

....

....

BLED 8

L'accord du nom

On forme souvent le féminin d'un nom en ajoutant un **e** au nom masculin.

un ours ➜ *une ours**e***   *un ami* ➜ *une ami**e***   *un saint* ➜ *une saint**e***

Mais il existe d'autres modifications du nom masculin pour obtenir le nom féminin.

un caissier ➜ *une caiss**ière***   *un nageur* ➜ *une nag**euse***
un moniteur ➜ *une moni**trice***   *un lion* ➜ *une lion**ne***
un prince ➜ *une princ**esse***   *un roi* ➜ *une **reine***

On forme souvent le pluriel des noms en ajoutant un **s** ou un **x** au nom singulier.

la rue ➜ ***les** rue**s***   *le rêve* ➜ ***les** rêve**s***   *le bateau* ➜ ***les** bateau**x***

Mais il existe d'autres modifications du nom singulier pour obtenir le nom pluriel.

*le chev**al*** ➜ *les chev**aux***   *le trav**ail*** ➜ *les trav**aux***

CONSEIL

Pour accorder un nom, il faut absolument connaître son genre et son nombre. Pour cela, on cherche le déterminant qui précède le nom.

un** équipage* – ***une** équipe* – ***des** équipe**s
le** champ**ion – ***les** champions* – ***la** champ**ionne*** – ***les** championne**s***
ce** terrain* – ***cette** pelouse* – ***ces** joueur**s
mon** maillot* – ***ma** ceinture* – ***mes** chaussure**s

EXERCICES PRÉPARATOIRES

1 **Trouve le féminin de ces noms.**

le vendeur ➜ la ....   un maître ➜ une ....

l'étranger ➜ l'........................   un ouvrier ➜ une ....

le musicien ➜ la ....   un hôte ➜ une ....

le voisin ➜ la ....   un chat ➜ une ....

le coiffeur ➜ la ....   un surveillant ➜ une ....

2 **Écris ces noms au pluriel. Tu peux utiliser un dictionnaire.**

le vitrail ➜ les ....   l'hôpital ➜ les ....

le cinéma ➜ les ....   le journal ➜ les ....

le rail ➜ les ....   le détail ➜ les ....

l'animal ➜ les ....   le stylo ➜ les ....

DICTÉE **15** . Au supermarché

Corrections :

....

....

DICTÉE **16** . Au musée

Corrections :

....

....

BLED 9 — Les accords dans le groupe du nom

Pour accorder le nom et les adjectifs qui l'accompagnent, il faut parfois chercher le déterminant qui les précède et qui nous renseigne généralement sur le nombre et sur le genre (au singulier).

le grand drapeau blanc → **les** grand**s** drapeau**x** blanc**s**
une rue étroite et sombre → **des** rue**s** étroite**s** et sombre**s**

Dans le groupe du nom, tous les mots ne s'accordent pas obligatoirement avec le nom principal.

une petite serviette en papier → **des** petite**s** serviette**s** en papier
un endroit bien nettoy**é** – **une** voiture bien nettoy**ée** – **des lieux** bien nettoy**és**

CONSEILS

Il existe d'autres déterminants que les articles ; on doit les reconnaître rapidement pour effectuer les accords.

ce large fossé – **cet** animal sauvage – **cette** étrange ville – **ces** vastes régions
son bonnet – **sa** chemise – **ses** gants – **mes** crayons – **vos** cheveux – **leurs** amis
quelques livres – **chaque** étage – **plusieurs** rangées

Attention ! les adjectifs numéraux sont invariables.

quatre jours – cinq doigts – sept nuits – huit euros – neuf points – quinze mois

EXERCICES PRÉPARATOIRES

1 Accorde les mots avec le nouveau déterminant.

un vendeur patient   → une...

ma lecture préférée   → tes..

une immense tour délabrée   → plusieurs...

un campeur bien équipé   → des...

ce gaucher fort adroit   → cette ....

2 Écris ces expressions au pluriel. Réfléchis bien !

une vieille machine à écrire   → quelques ....

un coup de volant brutal   → des...

un fromage de chèvre très sec   → ces..

les autres maisons du quartier   → cette ....

des pinceaux avec de gros poils → un ....

DICTÉE **17** - Un maçon amateur

Vocabulaire : **les matériaux**
Les diverses matières nécessaires à la construction d'une maison, d'un pont…
*Ce mot s'emploie généralement au pluriel (sans **e** avant **-aux**), mais, au singulier, on dit quelquefois **un matériau**. On ne confondra pas ce nom avec **les matériels**, qui désigne l'ensemble des objets, des outils utilisés pour accomplir une tâche.*

Corrections :

....

....

DICTÉE **18** - Une étrange publicité

Vocabulaire : **un mannequin**
Un mannequin est une statue articulée sur laquelle on dispose des vêtements. Peu à peu, on a employé le même nom pour désigner la personne qui porte les vêtements que l'on veut présenter.
*Ce mot est difficile à écrire, car il prend deux **n** et sa terminaison, **-quin**, est peu fréquente.*

Corrections :

....

....

Textes des dictées de contrôle

ORTHOGRAPHE D'USAGE

1. De futurs acteurs → *dictée p. 6*

En fin d'année, les élèves de la classe ont décidé de jouer une petite pièce de théâtre devant leurs parents. Chaque semaine, sur la scène, les acteurs répètent leur rôle avec la maîtresse. Ils seront prêts pour le grand jour et la représentation sera un succès.

2. Les escargots → *dictée p. 6*

Sous la pluie, les escargots sortent. José et son frère ont enfilé des vêtements imperméables. Pour fouiller les herbes épaisses, José a pris un bâton, car il a peur des vipères. Son frère porte un seau pour y placer les bêtes à cornes, comme il dit !

3. À la montagne → *dictée p. 10*

Pascal est à Avoriaz pour apprendre à skier et faire des excursions avec des raquettes. Comme il fait froid, il a mis un bonnet, son anorak fourré et une grande écharpe. Sa sœur se moque un peu de lui : « On dirait un Père Noël ! »

4. Un repas rapide → *dictée p. 10*

À la cafétéria, chacun compose son menu. Coralie prend un gratin de quenelles, Christine des carottes à la crème, et moi, je m'accorde une pizza et une barquette de kiwis comme dessert. La caissière nous donne un ticket pour que nous puissions boire un chocolat.

5. Un jeu dangereux → *dictée p. 8*

Les enfants adorent descendre sur la rampe. Ils se bousculent pour prendre place en haut de l'escalier. Ils se laissent glisser et ont l'impression de faire de la luge. Mais l'apparition du gardien de l'immeuble disperse toute la petite troupe !

6. Chez la voyante → *dictée p. 8*

Madame Saunier est superstitieuse. C'est avec émotion qu'elle va souvent chez une voyante. Celle-ci se place devant une boule de cristal et commence à raconter ce qu'elle voit. Bien sûr, madame Saunier sera riche et elle vivra dans un immense palais avec un prince. Un avenir radieux, en somme !

7. Un jardin → *dictée p. 12*

Monsieur Arsac est fier de son jardin. De jolies jonquilles et des giroflées y fleurissent dès le printemps, bien vite remplacées par des marguerites et des sauges. Madame Arsac n'oublie jamais de placer des géraniums le long des allées. Le jeu de toutes ces couleurs est un enchantement.

8. Les jeux de la cour de récréation → *dictée p. 12*

Aujourd'hui, les jeunes enfants ne jouent pas comme leurs parents aux gendarmes et aux voleurs. Les garçons disputent des parties de football et les filles sautent, plus gentiment, sur un élastique. Beaucoup posent des jeux électroniques sur leurs genoux et, hypnotisés, ils ne quittent pas l'écran des yeux.

9. Un chat équilibriste → *dictée p. 14*

Tout le quartier a le nez en l'air ! Un petit chat se promène sur le toit de l'immeuble. De temps en temps, il regarde la foule, en bas. Finalement, le gardien, faisant preuve d'un grand sang-froid, parvient à l'attraper et à le rendre à son maître.

10. Un concours redoutable → *dictée p. 14*

Charly pensait que les épreuves du concours seraient faciles. Mais il ne se doutait pas qu'il allait tomber dans un véritable traquenard. D'abord, il n'a pas trouvé la réponse du rébus, puis il a oublié de mettre une croix dans la bonne case. Il recommencera une prochaine fois.

Textes des dictées de contrôle

11. Le retour des pêcheurs → *dictée p. 16*

Au petit matin, les chalutiers rentrent au port : la pêche a été bonne. Les hommes déchargent les casiers et chacun peut constater que les poissons sont frais. Les commerçants font leur choix. Rares sont les lots qui restent sans trouver un acheteur.

12. Les proverbes → *dictée p. 16*

Certaines personnes emploient des proverbes pour exprimer des vérités ou donner des conseils. Ces formules courtes et simples sont très imagées. Elles mettent en scène des faits et des actions de la vie quotidienne : « Les bons comptes font les bons amis » ou « La faim fait sortir le loup du bois ».

ORTHOGRAPHE GRAMMATICALE

13. Des travaux de voirie → *dictée p. 18*

Au mois de septembre, la mairie a décidé de remplacer l'éclairage public installé il y a quelques décennies. Les nouveaux lampadaires, choisis avec beaucoup de soin par l'ensemble des habitants, consommeront moins d'électricité que les anciens. De plus, en forme de flambeaux, ils embelliront les avenues.

14. La fête de la musique → *dictée p. 18*

Ce soir, les rues du quartier ressemblent à une salle de concert. Tous les musiciens amateurs ont sorti leur instrument. Un trompettiste, installé au pied d'un immeuble, joue un morceau de sa composition ; il met de l'ambiance et les nombreux spectateurs apprécient sa sympathique prestation.

15. Au supermarché → *dictée p. 20*

Sur le parking, de longues files de caddies attendent les clients et les clientes. À l'intérieur, des milliers de produits s'étalent sur les rayons. Les vendeuses veillent à ce qu'ils soient toujours garnis. Chacun remplit son chariot, puis se dirige vers les caisses. L'attente est souvent longue.

16. Au musée → *dictée p. 20*

De nombreux visiteurs se bousculent pour admirer l'exposition installée dans les galeries. Des gardiennes surveillent les tableaux pour que personne ne les touche. Des explications sont inscrites à côté de chaque toile et on comprend mieux ce que les peintres ont voulu exprimer.

17. Un maçon amateur → *dictée p. 22*

Monsieur Robin a décidé de construire une petite cabane pour abriter ses outils de jardin. Il a acheté tous les matériaux : des briques, du ciment, du sable fin, des tuiles, des poutres et de la peinture isolante. Il n'a oublié qu'une chose : de prévoir la porte d'entrée !

18. Une étrange publicité → *dictée p. 22*

Si vous voyez un beau mannequin, bien habillé, qui se promène dans une campagne déserte, vous pouvez penser qu'il s'agit de vous vendre des vêtements de luxe. Pas du tout ! Cette personne vous propose simplement une perceuse électrique qu'elle trouve dans un buisson !

19. Des déplacements rapides → *dictée p. 28*

Comme la circulation automobile ne permet plus de se déplacer dans les grandes villes, certains piétons changent leurs habitudes. Au long des rues où patientent des conducteurs prisonniers de leur véhicule, apparaît un nouveau personnage, l'homme monté sur des rollers qui va plus vite que son ombre !

20. À la fête foraine → *dictée p. 28*

Sur la place du marché, les manèges multicolores s'installent. Tout sera bientôt prêt pour que les jeunes enfants du quartier viennent rêver sur des chevaux harnachés comme à la parade ou se prendre pour des pilotes automobiles au volant d'une voiture de course.

21. Une cuisine moderne
→ *dictée p. 30*

Dans chaque cuisine, il y a une foule d'appareils destinés à simplifier les tâches ménagères. Le robot électrique, le couteau à découper, le four à micro-ondes, le moulin à légumes, la machine à café permettent de préparer un repas en peu de temps.

22. Le chocolat
→ *dictée p. 30*

Monsieur Lucien a une passion : le chocolat à croquer ! Lorsqu'il a un petit moment de libre, il déguste un à un des carrés de chocolat noir, le seul qui soit à son goût. Il serait capable d'aller à l'autre bout du monde pour une tablette de chocolat.

23. Un village fleuri
→ *dictée p. 32*

Tout le village de Charvin est au travail ; il faut planter et arroser des centaines de fleurs. Depuis des années, Charvin est désigné comme le village le plus fleuri du département. La place de la mairie et le parc municipal étalent leurs vives couleurs devant un public admiratif.

24. Un guichet automatique
→ *dictée p. 32*

Un nouveau distributeur de billets est en service devant l'entrée de la banque et les clients sont nombreux à vouloir retirer de l'argent. Lorsque la carte bancaire est introduite et que le code confidentiel est correct, les billets sortent et il n'y a jamais d'erreur !

25. Un petit compagnon
→ *dictée p. 34*

Xavier adore son petit chat. Il faut dire qu'avec son air câlin, il attire les caresses. Ses yeux sont toujours un peu brillants et il sait se frotter contre le bras de son petit maître. Tous les soirs, ils sont installés sur le fauteuil et ils se reposent.

26. Avant la partie
→ *dictée p. 34*

La veille des grandes rencontres, consciencieux, Rudy prépare son sac de sport. Ses chaussures sont lacées avec soin et les crampons sont bien vissés. Il n'oublie pas de plier son short et son maillot. Il place son fétiche favori au fond du sac en espérant qu'il lui portera bonheur !

27. Les inondations
→ *dictée p. 36*

Depuis une semaine, il pleut. Les rivières ont quitté leur lit et on peut voir les prairies inondées à perte de vue. Les animaux ont abandonné les pâturages et ont regagné leur étable. Mais les éleveurs ne sont pas inquiets car on attend la décrue pour dimanche.

28. La découverte du feu
→ *dictée p. 36*

On ne sait pas comment les hommes préhistoriques ont découvert l'utilisation du feu. On suppose qu'un jour d'orage, la foudre s'est abattue sur des arbres qui ont pris feu. Des animaux ont peut-être été brûlés à cette occasion et les hommes ont apprécié cette viande rôtie.

CONJUGAISON

29. Un nouvel élève

→ *dictée p. 38*

Ce matin, le directeur nous annonce l'arrivée de Benjamin. Il habite dans le quartier depuis trois jours, car ses parents travaillent à la centrale thermique, au bord de la Loire. Nous lui expliquons le fonctionnement de notre école et la maîtresse lui donne des livres.

30. Au centre aéré

→ *dictée p. 38*

Le matin, le car nous dépose devant les bâtiments du centre aéré. Nous regardons le programme de la journée et chacun décide d'aller dans le groupe de son choix. Les jours de pluie, les moniteurs installent des consoles de jeux et, comme cela, nous ne nous ennuyons jamais.

Textes des dictées de contrôle

31. Les mots croisés → *dictée p. 40*

Depuis dix minutes, Carlos réfléchit. Il lit avec attention les définitions qui paraissent difficiles. Il ne comprend pas toujours le double sens que cachent les phrases. Mais, de temps en temps, il découvre un mot qu'il écrit en lettres majuscules. La grille se remplit peu à peu.

32. La fête du Sport → *dictée p. 40*

Les cinq écoles de la ville se réunissent pour participer à la fête du Sport. Tous les ans, des élèves accomplissent des performances. Cette année, Brice franchit un mètre en hauteur et Lisa bat le record du cinquante mètres. Chacun repart avec une médaille en souvenir.

33. La Chandeleur → *dictée p. 42*

Ce jour-là, à l'école, la maîtresse préparait des crêpes. Nous l'aidions à mélanger la farine, les œufs et le lait. À tour de rôle, chacun saisissait la poêle et essayait de faire sauter sa crêpe. Quand l'un de nous la lançait trop haut, tout le monde riait.

34. Les transports d'autrefois → *dictée p. 42*

Pour aller de Paris à Lyon, on mettait à peu près quatre jours. Personne n'entretenait les routes et les diligences s'embourbaient parfois. Les voyageurs descendaient et les hommes dégageaient les véhicules. Tous les soirs, il fallait changer les chevaux qui s'épuisaient vite.

35. Le voyage de fin d'année → *dictée p. 44*

En juin, nous partirons en Camargue avec toute la classe. Certains feront une promenade à cheval et d'autres choisiront de découvrir les marais salants. Nous chercherons, de loin, les taureaux sauvages et nous apercevrons l'envol des flamants roses. Chacun reviendra avec des souvenirs inoubliables.

36. La mode de demain → *dictée p. 44*

Dans quelques années, comment les jeunes filles seront-elles vêtues ? Mettront-elles des jupes courtes ou longues ? Désireront-elles des bottes à talon ou des chaussures plates ? La mode plaira-t-elle aussi à leurs parents ? Les couturiers réussiront-ils à imposer leur style ? Nous verrons bien !

EN ROUTE POUR LE CM1

37. Un élevage de poulets → *dictée p. 46*

Monsieur Louis élève ses poulets en plein air. Il ne veut pas les enfermer dans un immense bâtiment où les pauvres bêtes ne voient jamais la lumière du jour. Il les vend plus cher que ceux de ses concurrents ; mais comme la chair de ses volailles est plus savoureuse, les consommateurs sont nombreux à les apprécier.

BLED 10 L'accord du verbe

Le verbe s'accorde en personne et en nombre avec le nom principal du groupe-sujet.

On trouve le groupe-sujet en posant la question **« Qui est-ce qui ? »** devant le verbe.
Les chanteurs du groupe Faro entrent en scène. Le public les applaudit.
*Qui est-ce qui **entrent** en scène ?*   *Les **chanteurs** du groupe Faro.*
*Qui est-ce qui **applaudit** ?*   *Le **public**.*

On peut aussi encadrer le groupe-sujet avec l'expression **« C'est (Ce sont) ... qui »**.
***Ce sont** les chanteurs du groupe Faro **qui** entrent en scène.*
***C'est** le public **qui** les applaudit.*

CONSEIL

Le nom principal du groupe-sujet peut être séparé du verbe par des groupes ou des propositions. Il peut aussi être placé après le verbe.
***Les chanteurs**, que tout le monde connaît dans le quartier, entrent en scène.*
*Dès les premières notes de musique, entrent **les chanteurs**.*

EXERCICES PRÉPARATOIRES

1 **Écris les verbes entre parenthèses au présent de l'indicatif.**

(attendre)   Les enfants .... le passage du Père Noël.

(risquer)   Avec ces chaussures, je .... de glisser.

(corriger)   À l'aide d'un stylo à bille vert, vous .... vos erreurs.

(rétrécir)   Ces vêtements de qualité ne .... pas au lavage.

(détourner)   À cause des travaux, les agents .... la circulation.

(retenir)   Le plongeur .... sa respiration.

2 **Écris les verbes entre parenthèses au futur simple.**

(installer)   Les informaticiens .... un nouvel ordinateur.

(tondre)   Le gardien de l'immeuble .... les pelouses.

(exiger)   Ce travail de finition .... une grande patience.

(camper)   Cet été, nous .... au bord du lac Genin.

(réfléchir)   J'espère que tu .... avant de prendre une décision.

(se servir)   Je ne sais pas qui .... le dernier ?

DICTÉE **19** Des déplacements rapides

Vocabulaire : **les rollers**
Chaussures montantes munies de roulettes. Adaptation moderne des patins à roulettes.
Ce mot d'origine anglaise prend deux **l** *et se termine par* **-er** *que l'on prononce* [ɛʀ], *comme pour d'autres mots d'origine étrangère ayant la même terminaison : un skipper, un sprinter, un globe-trotter, un starter, un blazer, un hamster.*

Corrections :

....

....

DICTÉE **20** À la fête foraine

Vocabulaire : **harnacher**
Mettre un harnais sur un cheval. Le harnais est l'ensemble des courroies, des sangles et des pièces que l'on place sur un cheval.
Ce mot débute par un **h** *aspiré, c'est-à-dire que la liaison ne se fait pas avec le mot qui précède.*

Corrections :

....

....

BLED

11 a ou à

Il ne faut pas confondre :
– **a**, forme conjuguée du verbe **avoir**.
*Cet écrivain **a** beaucoup d'imagination.*
– **à**, préposition, invariable.
*Cet écrivain écrit encore au stylo **à** bille.*

CONSEIL

La forme conjuguée du verbe **avoir** peut être remplacée par une autre forme conjuguée de ce verbe, qui ne soit pas homonyme de **à**.
*Aurélie **a** le temps de flâner.* → *Aurélie **aura** le temps de flâner.*
→ *Aurélie **avait** le temps de flâner.*

Si l'on ne peut pas effectuer ce remplacement, on écrit **à**.

EXERCICES PRÉPARATOIRES

1 **Écris les verbes de cette phrase au présent de l'indicatif en changeant les sujets.**

J'ai sommeil et je vais me coucher à huit heures.

Tu ....

Julien ....

Les enfants ....

Élisabeth ....

2 **Complète les phrases par à ou a (dans ce cas, écris avait entre parenthèses).**

Christine .... mal .... la gorge.

Martial .... une machine .... calculer très perfectionnée.

M. Lacroix .... parié sur le cheval .... la casaque violette.

Valérie .... rencontré Sabine .... la chorale.

3 **Complète ces phrases par a ou à.**

Hervé ... quitté son appartement ... la hâte.

Laurent ... tondu, par mégarde, les fleurs du jardin.

Cette histoire est ... retenir, car elle ... fait rire toute la classe.

M. Abadie ... commandé une pizza ... emporter.

DICTÉE 21. Une cuisine moderne

Vocabulaire : **la tâche**
Travail précis qui doit être fait dans un temps donné.
Nom qui prend un accent circonflexe quand il a le sens de « travail ».
*Il ne faut pas le confondre avec son homonyme – **la tache** – qui ne prend pas d'accent circonflexe et qui signifie « salissure, marque qui salit ».*

Corrections :

....

....

DICTÉE 22. Le chocolat

Vocabulaire : **la passion**
Amour, intérêt, préférence très vifs pour quelqu'un ou quelque chose. Mots de la même famille : passionnant, passionné, passionnel (tous ces mots prennent deux **n**).
*Ce nom se termine par [sjɔ̃] et s'écrit **-ssion**. Il est difficile de choisir entre les écritures du son [sjɔ̃] : **-ssion** (la mission), **-tion** (la réaction), **-sion** (la pension), **-xion** (la connexion).*

Corrections :

....

....

BLED 12 est ou et

Il ne faut pas confondre :
– **est**, forme conjuguée du verbe **être**.
*Abdel **est** devant son ordinateur.*
– **et**, mot de liaison, invariable.
*Abdel surfe sur Internet **et** il a trouvé un nouveau site.*

CONSEILS

La forme conjuguée du verbe **être** peut être remplacée par une autre forme conjuguée de ce verbe, qui ne soit pas homonyme de **et**.
*Abdel **est** devant son ordinateur.* → *Abdel **était** devant son ordinateur.*
→ *Abdel **sera** devant son ordinateur.*

Si l'on peut remplacer le mot par **et puis**, on écrit alors **et**.
*Abdel surfe sur Internet **et** il a trouvé un nouveau site.*
*Abdel surfe sur Internet **et puis** il a trouvé un nouveau site.*

EXERCICES PRÉPARATOIRES

1 **Complète les phrases par est ou et (selon le cas, ajoute était ou et puis entre parenthèses).**

Le beau temps .... de retour .... nous pouvons partir.

Le poisson .... bien seul dans son aquarium .... il s'ennuie.

Ce fromage .... frais ; il .... à déguster immédiatement.

Ce mannequin .... très élégant .... on admire ses vêtements.

Ce problème n'.................. pas facile à résoudre.

Cette bicyclette .... rouillée .... elle n'a plus de freins.

2 **Écris les mots en couleur au singulier et accorde les verbes.**

Les acteurs sont dans les coulisses et **ils** sont **prêts** à entrer en scène.

....

Les livres sont **rangés** sur le rayon et **ils** attendent le lecteur.

....

Les places sont **libres** et **les automobilistes** peuvent stationner.

....

DICTÉE 23 - Un village fleuri

Corrections :

....

....

DICTÉE 24 - Un guichet automatique

Corrections :

....

....

Il ne faut pas confondre :
– **sont**, forme conjuguée du verbe **être**.
*Les pinceaux les plus fins **sont** réservés aux travaux de précision.*
– **son**, adjectif possessif.
*Le peintre prend beaucoup de soin de **son** pinceau.*

CONSEILS

La forme conjuguée du verbe **être** peut être remplacée par une autre forme conjuguée de ce verbe, qui ne soit pas homonyme de **son**.
*Les pinceaux les plus fins **sont** réservés aux travaux de précision.*
→ *Les pinceaux les plus fins **étaient** réservés aux travaux de précision.*
→ *Les pinceaux les plus fins **seront** réservés aux travaux de précision.*

Son, adjectif possessif, peut être remplacé par un adjectif possessif : **mon**, **ton**, **ses**...
*Le peintre prend beaucoup de soin de **son** pinceau.*
→ *Je prends beaucoup de soin de **mon** pinceau.*
→ *Le peintre prend beaucoup de soin de **ses** pinceaux.*

EXERCICES PRÉPARATOIRES

1 **Transforme les phrases, comme pour le modèle, en changeant les sujets.**

Je range mon tricot.	Tu ranges ton tricot.	Il range son tricot.
Je regarde mon horoscope.	....	....
J'adore mon prénom.	....	....
Je fais mon lit.	....	....
Je mange mon goûter.	....	....
Je protège mon visage.	....	....
J'invite mon amie.	....	....

2 **Complète les phrases par sont ou son (selon le cas, ajoute étaient ou mon entre parenthèses).**

M. Rey ferme .... magasin, car tous les clients .... sortis.

M. Martinet découvre une facture dans .... courrier.

Les spectateurs .... mécontents ; Liz a écourté .... récital.

Les chiens .... sensibles aux ultrasons.

DICTÉE 25 - Un petit compagnon

Corrections :

....

....

DICTÉE 26 - Avant la partie

Corrections :

....

....

BLED 14 ont ou on

Il ne faut pas confondre :
– **ont**, forme conjuguée du verbe **avoir**.
*Les chirurgiens **ont** greffé un doigt au blessé.*
– **on**, pronom personnel de la 3e personne du singulier.
***On** admire l'habileté des chirurgiens.*

CONSEILS

La forme conjuguée du verbe **avoir** peut être remplacée par une autre forme conjuguée de ce verbe, qui ne soit pas homonyme de **on**.
*Les chirurgiens **ont** greffé un doigt au blessé.*
→ *Les chirurgiens **avaient** greffé un doigt au blessé.*
→ *Les chirurgiens **auront** greffé un doigt au blessé.*

On peut être remplacé par un pronom personnel de la 3e personne du singulier ou un nom singulier.
***On** admire l'habileté des chirurgiens.*
→ ***Il** admire l'habileté des chirurgiens.*
→ ***Le blessé** admire l'habileté des chirurgiens.*

EXERCICES PRÉPARATOIRES

1 Complète les phrases par ont ou on.

Quand .... veut prendre le train, ... doit d'abord se renseigner sur les horaires.

Les musiciens .... enchanté le public.

.... ne connaît pas l'origine de cette pierre taillée.

Les vitriers .... remplacé les carreaux cassés.

Pour monter au troisième étage, ... emprunte l'escalier mécanique.

Toutes les cases de ce questionnaire .... été remplies.

Au cap Nord, les touristes .... aperçu le soleil de minuit.

2 Remplace chaque on par un sujet de ton choix.

On .... visite le château de Versailles.

Quand **on** .... transpire, **on** .... doit boire.

Du haut de cet immeuble, **on** .... a une belle vue.

Quand la mer est très salée, **on** .... flotte.

DICTÉE **27** Les inondations

Vocabulaire : **la décrue**
Baisse du niveau des eaux après une inondation. La montée des eaux s'appelle **la crue**.
*Comme beaucoup de noms féminins terminés par le son [y], ce nom prend un **e** final.*
Seules exceptions : la tribu, la vertu, la glu (de la colle), la bru (la belle-fille).

Corborections :

....

....

DICTÉE **28** La découverte du feu

Vocabulaire : **s'abattre**
Tomber brutalement, se jeter sur quelque chose ou sur quelqu'un.
*Comme tous les mots commençant par **ab-**, ce verbe s'écrit avec un seul **b** (sauf **l'abbé**,*
***l'abbaye**). Beaucoup de mots de cette famille prennent deux **t** : battre, le battement, l'abattoir,*
*débattre. Mais d'autres mots n'ont qu'un seul **t** : combatif, la bataille, le bataillon, batailleur.*

Corrections :

....

....

BLED

15 Le présent de l'indicatif des verbes du 1er groupe

Au présent de l'indicatif, tous les verbes du 1er groupe (terminés par **-er** à l'infinitif) ont les mêmes terminaisons.

je march**e**	tu cherch**es**	elle pens**e**
nous dessin**ons**	vous mont**ez**	ils gliss**ent**

CONSEILS

Pour certains verbes, le radical est un peu transformé :

– Verbes terminés par **-yer** à l'infinitif : ils changent le **y** en **i** devant un **e** muet.
ennuyer → je m'ennu**i**e, ils s'ennu**i**ent, mais nous nous ennu**y**ons

– Verbes terminés par **-cer** ou **-ger** à l'infinitif : ne pas oublier la cédille sous le **c**, ou le **e** après le **g** devant la terminaison **-ons**.
lancer → nous lan**ç**ons   plonger → nous plong**e**ons

En cas de doute, il faut consulter un livre de conjugaison.

EXERCICES PRÉPARATOIRES

1 **Écris les verbes entre parenthèses au présent de l'indicatif.**

(garder)   Tu .... ton bonnet, car il fait froid.

(se régaler)   Je .... avec ces pêches bien mûres.

(bavarder)   Vous ne .... pas pendant les leçons.

(écouter)   Jérémie .... ses disques préférés.

2 **Écris les verbes entre parenthèses au présent de l'indicatif.**

(diriger)   Nous nous .... vers la sortie.

(partager)   Vous .... la tarte en huit morceaux.

(commencer) Les soldes .... la semaine prochaine.

(effacer)   Nous .... le tableau.

3 **Écris les verbes entre parenthèses au présent de l'indicatif.**

(employer)   Mélanie .... un produit spécial pour détacher sa jupe.

(rayer)   Dans cette phrase, tu .... les mots inutiles.

(balayer)   Vous .... les feuilles mortes dans la cour.

(appuyer)   J'......................... sur le bouton rouge, mais sans résultat.

DICTÉE 29 · Un nouvel élève

Vocabulaire : une centrale **thermique**
Usine qui transforme la chaleur, produite par des moteurs, en électricité.
Mots de la même famille : un thermomètre, la géothermie (la chaleur qui se dégage du sol), une station thermale, un thermostat.
Comme tous les mots de cette famille, **thermique** *prend un* **h** *après le* **t**.

Corrections :

....

....

DICTÉE 30 · Au centre aéré

Vocabulaire : **le bâtiment**
Vaste construction pour loger des personnes, des animaux, ou entreposer diverses choses.
Ce mot prend un accent circonflexe sur le **a** *; la consonne qui suit n'est donc pas doublée.*

Corrections :

....

....

BLED

16 Le présent de l'indicatif des verbes des 2e et 3e groupes

Au présent de l'indicatif, tous les verbes du 2e groupe ont les mêmes terminaisons.

*je fin**is***   *tu fin**is***   *elle fin**it***
*nous fin**issons***   *vous fin**issez***   *ils fin**issent***

Au présent de l'indicatif, la plupart des verbes du 3e groupe ont les mêmes terminaisons.

*j'atten**ds***   *tu condui**s***   *il vien**t**, il descen**d***
*nous répond**ons***   *vous dorm**ez***   *elles viv**ent***

CONSEILS

Ce qui distingue les verbes du 2e groupe des autres verbes en **-ir**, c'est l'élément **-iss-** placé avant la terminaison aux trois personnes du pluriel.

obéir (2e groupe) → *nous obé**iss**ons, vous obé**iss**ez, ils obé**iss**ent*
courir (3e groupe) → *nous courons, vous courez, elles courent*

Le radical d'un certain nombre de verbes du 3e groupe est modifié au présent de l'indicatif. En cas de doute, il faut consulter un livre de conjugaison.

dire   → *vous **dites***   *venir* → *il **vien**t*   *aller* → *je **vai**s*
devoir → *tu **dois***   *voir*   → *nous **voy**ons*   *faire* → *vous **faites***

EXERCICES PRÉPARATOIRES

1 **Écris les verbes entre parenthèses au présent de l'indicatif.**

(réfléchir)   Vous .... avant de répondre.

(accomplir)   Les sportifs .... des exploits.

(franchir)   Le sauteur à la perche .... six mètres.

(remplir)   Au supermarché, nous .... notre chariot.

(refroidir)   Le bifteck .... dans ton assiette.

2 **Écris les verbes entre parenthèses au présent de l'indicatif.**

(lire)   Madame Mourier .... un roman d'aventures.

(paraître)   Les fleurs .... un peu fanées.

(comprendre)   Je ne .... pas le problème posé.

(découvrir)   Tu .... un trésor au fond du grenier.

(repartir)   Vous .... à toute allure.

(boire)   Nous .... un verre de jus d'orange.

DICTÉE 31 . Les mots croisés

Vocabulaire : **l'attention**

Se concentrer, fixer son regard, son esprit sur quelque chose ou quelqu'un.

Mots de la même famille : attentif, attentionné.

*Comme beaucoup de mots commençant par **at-**, **l'attention** prend deux **t**. Méfions-nous pourtant de quelques exceptions : l'atout, l'atelier, l'atome, atroce.*

*À la fin de ce nom, le son [s] s'écrit avec un **t**.*

Corrections :

....

....

DICTÉE 32 . La fête du Sport

Vocabulaire : **le record**

Résultat supérieur à tous ceux obtenus jusqu'alors.

Beaucoup de mots liés au sport sont d'origine anglaise : le rugby, le dribble, le corner.

*Ce mot anglais se termine par un **d** muet (on peut penser à **recordman**).*

Corrections :

....

....

40

BLED 17 L'imparfait de l'indicatif

À l'imparfait de l'indicatif, tous les verbes prennent les mêmes terminaisons.

je parl**ais**　　　　　　tu viv**ais**　　　　　　elle descend**ait**
nous début**ions**　　　　vous écout**iez**　　　　ils écriv**aient**

CONSEILS

Pour les verbes du 2ᵉ groupe, on retrouve l'élément **-iss-** entre le radical et la terminaison.
je chois**iss**ais – tu grand**iss**ais – il ag**iss**ait – nous obé**iss**ions – ils ralent**iss**aient

Pour les verbes terminés par **-cer** ou **-ger** à l'infinitif, il ne faut pas oublier la cédille sous le **c**, ou le **e** après le **g** devant les terminaisons débutant par **a**.
effacer → tu effa**ç**ais　　　　　　partager → ils partag**e**aient

Pour certains verbes du 3ᵉ groupe, le radical est modifié.
peindre → il **peign**ait　　　　croire　　→ tu **croy**ais
faire　　→ je **fais**ais　　　　　conduire → ils **conduis**aient

EXERCICES PRÉPARATOIRES

1 Écris les verbes entre parenthèses à l'imparfait de l'indicatif.

(préparer)　　Sonia .... ses affaires pour partir en voyage.

(aider)　　　　Nous .... nos amis à trier leurs affaires.

(essayer)　　　L'électricien .... de réparer le lampadaire.

(lancer)　　　　Le basketteur .... le ballon en direction du panier.

2 Écris les verbes entre parenthèses à l'imparfait de l'indicatif.

(agrandir)　　Nous .... nous-mêmes nos photographies.

(envahir)　　　Les mauvaises herbes .... le jardin.

(rire)　　　　　Les enfants .... en regardant le clown.

(servir)　　　　Au Moyen Âge, on ne se .... pas d'une fourchette.

3 Écris les verbes entre parenthèses à l'imparfait de l'indicatif.

(falloir)　　　　Il .... beaucoup de temps pour moissonner un champ.

(connaître)　　Je ne .... pas le nom de la capitale du Brésil.

(lire)　　　　　Nous .... des histoires de sorcières.

(dire)　　　　　Vous .... toujours la vérité.

 **La Chandeleur**

Vocabulaire : **la poêle**

Ustensile de cuisine en métal, généralement rond et plat, muni d'un long manche.
*Ce mot prend un accent circonflexe sur le **e** qui se prononce exceptionnellement [a].*
*À ne pas confondre avec son homonyme – **le poêle** – qui désigne un appareil de chauffage.*

Corrections :

....

....

DICTÉE 34 **Les transports d'autrefois**

Vocabulaire : **la diligence**

Voiture tirée par des chevaux qui servait à transporter des voyageurs.
*Ce nom se termine par **-ence** comme dans : l'agence, l'urgence, la cadence, la science.*
Mais les terminaisons des noms en [ɑ̃s] sont variées et il est difficile de les prévoir : la vengeance, la chance, la séance ; la défense, l'offense, la dépense ; la panse, la danse.

Corrections :

....

....

BLED

18 Le futur simple

Au futur simple, tous les verbes du 1er et du 2e groupe (ainsi que certains verbes du 3e groupe) prennent les mêmes terminaisons qui viennent s'ajouter à l'infinitif que l'on conserve en entier.

je traverserai   *tu couperas*   *elle mûrira*
nous maigrirons   *vous dormirez*   *ils souriront*

Pour beaucoup de verbes du 3e groupe, l'infinitif n'est pas conservé en entier.

*je **descendr**ai*   *tu **reviendr**as*   *elle **boir**a*
*nous **naîtr**ons*   *vous **rir**ez*   *ils **suivr**ont*

CONSEILS

Il faut toujours penser à l'infinitif avant d'écrire un verbe du 1er groupe, car on n'entend pas toujours le **e** de l'infinitif et on risque de l'oublier.

plier → *il pli**e**ra*   *oublier* → *ils oubli**e**ront*

Pour les verbes terminés par **-yer** à l'infinitif, le radical est un peu modifié : le **y** se transforme en **i** devant un **e** muet.

appuyer → *j'appu**i**erai, nous appu**i**erons, ils appu**i**eront*

Il faut retenir les formes du futur simple de quelques verbes très souvent employés.

être	→ *tu **ser**as*	*aller*	→ *j'**ir**ai*	*voir*	→ *il **verr**a*
savoir	→ *tu **saur**as*	*faire*	→ *nous **fer**ons*	*tenir*	→ *vous **tiendr**ez*
avoir	→ *ils **aur**ont*	*pouvoir*	→ *il **pourr**a*	*vouloir*	→ *ils **voudr**ont*

EXERCICE PRÉPARATOIRE

1 Écris les verbes entre parenthèses au futur simple.

(payer)   Vous .... vos achats avec une carte bancaire.

(tutoyer)   Nous ne .... pas les grandes personnes.

(jouer)   Tu .... aux petits chevaux avec ton cousin.

(copier)   Les élèves .... l'énoncé du problème.

(reverdir)   Après la pluie, la pelouse ....

(jaillir)   La lave et la fumée .... du cratère.

(faire)   Tu .... tes devoirs avant de regarder la télévision.

(aller)   Nous .... acheter une baguette de pain.

(savoir)   Dans une minute, vous .... qui a gagné la course.

(apercevoir)   Les cosmonautes .... la face cachée de la Lune.

DICTÉE 35 · Le voyage de fin d'année

Vocabulaire : **le flamant rose**
Oiseau échassier au plumage rose qui vit dans les lagunes salées, comme la Camargue. Il se tient souvent sur une seule patte !
*Ce nom prend un **t** final et il ne faut pas le confondre avec son homonyme – **flamand** – qui caractérise une région de la Belgique, la Flandre.*

Corrections :

....

....

DICTÉE 36 · La mode de demain

Vocabulaire : **le style**
Manière particulière de réaliser une œuvre, un objet, un vêtement.
*Dans ce nom, le son [i] s'écrit avec un **y** comme dans : le stylo, le système, le symbole, la symétrie, le syndicat, le synonyme.*

Corrections :

....

....

CONSEILS

La lecture d'un texte est plus difficile si les lettres ne sont pas bien formées, si des accents sont oubliés et si les mots sont mal séparés.

Lorsque tu copies un mot, que tu as trouvé dans un dictionnaire par exemple, efforce-toi de le faire syllabe par syllabe.

Pour bien accorder les mots, il faut savoir à quelle catégorie grammaticale ils appartiennent : noms, adjectifs, articles, verbes…

Pour trouver la nature des mots qui se prononcent de la même manière, il faut bien observer les autres mots de la phrase.

Certains mots (les adverbes et les prépositions) restent toujours invariables.

Le verbe est l'élément le plus important de la phrase et le seul qui se conjugue. Pour trouver la terminaison d'un verbe, il faut d'abord chercher son sujet et parfois consulter un livre de conjugaison.

Attention ! dans un dictionnaire, les mots sont écrits sans accord : le nom est toujours au singulier, l'adjectif est au masculin singulier et le verbe à l'infinitif.

EXERCICES PRÉPARATOIRES

1 Complète chaque phrase par le mot entre parenthèses qui convient.

(cher / chair)   Cet appareil n'est pas vendu très ....

La .... de cette volaille est savoureuse.

(plein / plaint)   Le seau est ...., je ne peux pas le soulever.

Monsieur Viard se .... du bruit que font les avions.

(plus / plu)   Sur ce cerisier, il n'y a .... un seul fruit.

Il a .... toute la nuit.

(vend / vent)   Le .... violent a abattu des centaines d'arbres.

Le commerçant .... des valises et des sacs de voyage.

2 Complète ces noms par -oir ou -oire.

le tir......	l'hist......	le laborat......	la mém......
le mouch......	l'arm......	le trott......	le ras......
le terr......	le territ......	le répert......	la vict......

45

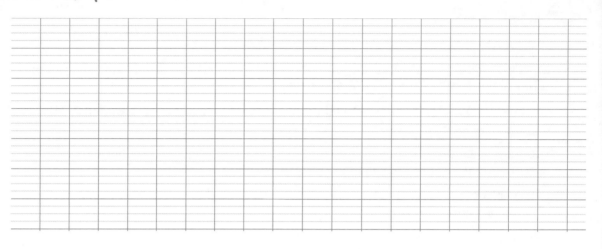

Maintenant, souligne les mots que tu n'es pas certain(e) d'avoir bien orthographiés.

Cette dictée comportait 56 mots. Combien as-tu fait d'erreurs ? ....

As-tu commis des erreurs dans les mots que tu n'avais pas soulignés ? ....

Peux-tu trouver les erreurs que tu n'aurais pas faites si tu avais consulté un dictionnaire ?

....

....

....

....

Pour les autres erreurs, qu'aurait-il fallu faire ?

....

....

....

Corrige maintenant ces autres erreurs.

....

....

....

....

....

....

....

1 Les accents

1
la lèvre — un mètre — un problème — réunir
une pièce — le café — la mère — la lettre
se décider — l'été — la terre — un siège
un élève — un trésor — écrire — un légume
le présent — le frère — la manière — une perle

2
jouer un rôle — la maîtresse — un château — le dîner
le mois d'août — un hôtel — la chaîne — le bâton
brûler — un gâteau — bientôt — la pâte

2 Le son [k]

1
karaté — aucun — **qu**el**qu'**un — ban**qu**e — **qu**artier
blo**c** — bouti**qu**e — trafi**c** — **c**arton — **ch**aque
culotte — pa**qu**et — ré**c**olte — **k**imono — **k**épi
caravane — **qu**eue — **qu**ille — **c**lown — **k**angourou
kilomètre — **c**ollection — dé**c**ouverte — lo**c**al — **c**ir**qu**e
quotidien — mar**qu**e — **qu**ai — **qu**arante — **qu**iche

2
a**cc**ord — cro**c**odile — a**cc**ident — a**cc**user — o**cc**asion
é**c**orcher — a**cc**lamer — o**cc**uper — sa**c**oche — é**c**raser
re**c**oller — é**c**ole — lo**c**ation — ta**c**ot — mo**c**assin
mé**c**anique — sé**c**ateur — dé**c**orer — a**cc**ourir — tri**c**ot

3 Le son [s]

1
bro**ss**er — do**ss**ier — di**s**paraître — mou**ss**e — re**s**ter
cour**s**e — di**s**tribuer — e**ss**ai — gli**ss**er — fo**ss**é
ca**ss**ette — carro**ss**e — pi**s**te — con**s**idérable — dre**ss**er

2
re**c**ette — ra**c**ine — gar**ç**on — for**c**e — répon**s**e
su**c**re — **c**entaine — **s**entier — **ch**an**c**e — gla**ç**on
aga**ç**ant — rempla**ç**ant — dan**s**e — mali**c**e — tri**s**te

3
mi**ss**ion — répara**t**ion — condi**t**ion — pa**ss**ion — atten**t**ion
scierie — émi**ss**ion — di**s**cipline — opéra**t**ion — ini**t**iales
tradi**t**ion — po**s**ition — acroba**t**ie — discu**ss**ion — permi**ss**ion

4 Le son [ʒ]

1
grange — **j**alousie — ré**g**ime — piè**g**e — ma**j**orité
bi**j**ou — ma**g**icien — mi**j**oter — re**j**eter — ma**j**uscule
dé**j**euner — a**j**outer — **j**eton — verti**g**e — auber**g**ine
dra**g**ée — **j**oue — cortè**g**e — ma**j**estueux — pro**j**et

2
plon**ge**on — ima**g**iner — rou**ge**ole — na**g**eur
démén**ag**er — a**g**ile — rou**ge**âtre — allon**g**er
man**ge**oire — bour**ge**on — diri**ge**ant — villa**g**eois

3
juger → **la justice** — givrer → **le givre**
geler → **une gelure** — jongler → **le jongleur**
jardiner → **le jardin** — gifler → **la gifle**
gémir → **un gémissement** — jumeler → **des jumelles**

5 Les lettres finales muettes

1
longue → **long** — absente → **absent**
courte → **court** — morte → **mort**
blonde → **blond**

2
la permission → **le permis** — de la nougatine → **du nougat**
transporter → **le transport** — regarder → **le regard**
se reposer → **le repos** — le dentiste → **une dent**
une rangée → **un rang** — galoper → **le galop**
la laiterie → **le lait** — un chanteur → **le chant**

3
gan**t** — tron**c** — pri**x** — spor**t** — restauran**t**
palai**s** — concer**t** — refu**s** — lila**s** — escargo**t**
débu**t** — quar**t** — siro**p** — ni**d** — persi**l**

6 Des homonymes

1
(signe) **cygne** — (roux) **roue** — (laque) **lac**
(quart) **car** — (fard) **phare** — (sang) **sans**
(conte) **compte** — (chêne) **chaîne**

2
un père de **famille** — une paire de **ciseaux**
un chant de **cigales** — un champ de **blé**
un ver de **terre** — un verre de **lait**
un mètre de **tissu** — un maître d'**hôtel**
la fin du **film** — **mourir** de faim
ma tante et mon **oncle** — une tente pour **dormir**

7 m devant m, b, p

1
re**n**trer chez soi — laver le po**n**t du voilier
e**m**piler les assiettes — donner un no**m**bre
re**n**contrer des difficultés — faire une lo**n**gue promenade
un re**m**part de château fort — s'allonger à l'o**m**bre

une cha**m**bre à coucher — ti**m**brer une lettre avant de la poster
ma**n**ger de bon appétit — résoudre un problème très si**m**ple
bra**n**cher le tuyau d'arrosage — ri**n**cer les pi**n**ceaux
jouer du ta**m**bour — se baigner dans une eau li**m**pide

2
Le carreleur e**m**bauche un nouvel apprenti.
Le chauffeur regarde son co**m**pteur de vitesse à l'entrée du village.
Le cha**m**pion oly**m**pique reçoit une médaille d'or.
Le plongeur e**n**file sa co**m**binaison et ajuste son masque.
J'e**m**prunte un se**n**tier à la recherche de cha**m**pignons.

8 L'accord du nom

1
vendeur → la **vendeuse** — maître → une **maîtresse**
étranger → l'**étrangère** — ouvrier → une **ouvrière**
musicien → la **musicienne** — hôte → une **hôtesse**
voisin → la **voisine** — chat → une **chatte**
coiffeur → la **coiffeuse** — surveillant → une **surveillante**

2
le vitrail → les **vitraux** — l'hôpital → les **hôpitaux**
le cinéma → les **cinémas** — le journal → les **journaux**
le rail → les **rails** — le détail → les **détails**
l'animal → les **animaux** — le stylo → les **stylos**

9 Les accords dans le groupe du nom

1
une **vendeuse patiente** / tes **lectures préférées** / plusieurs **immenses tours délabrées** / des **campeurs bien équipés** / cette **gauchère fort adroite**

2
quelques **vieilles machines à écrire** / des **coups de volant brutaux** / ces **fromages de chèvre très secs** / cette **autre maison du quartier** / un **pinceau avec de gros poils**

10 L'accord du verbe

1
Les enfants **attendent**… / …je **risque** de glisser. / …vous **corrigez** vos erreurs. / Ces vêtements de qualité ne **rétrécissent** pas… / …les agents **détournent**… / Le plongeur **retient**…

2
Les informaticiens **installeront**… / Le gardien de l'immeuble **tondra**… / Ce travail de finition **exigera**… / …nous **camperons**… / tu **réfléchiras**… / Je ne sais pas qui **se servira**…

11 a ou à

1 Tu **as** sommeil et **tu vas te** coucher… / Julien **a** sommeil et **il va se** coucher… / Les enfants **ont** sommeil et **ils vont se** coucher… / Élisabeth **a** sommeil et **elle va se** coucher…

2 Christine **a (avait)** mal à la gorge. / Martial **a (avait)** une machine à calculer… / M. Lacroix **a (avait)** parié sur le cheval à la casaque… / Valérie **a (avait)** rencontré Sabine à la chorale.

3 Hervé **a** quitté son appartement à la hâte. / Laurent **a** tondu… / Cette histoire est à retenir, car elle **a** fait rire… / M. Abadie **a** commandé une pizza à emporter.

12 est ou et

1 Le beau temps **est (était)** de retour et **(et puis)**… / Le poisson **est (était)** bien seul… et **(et puis)**… / Ce fromage **est (était)** frais ; il **est (était)**… / Ce mannequin **est (était)** très élégant et **(et puis)**… / Ce problème n'**est (était)** pas… / Cette bicyclette **est (était)** rouillée et **(et puis)** elle n'a plus de freins.

2 L'acteur est dans les coulisses et **il est prêt** à entrer… **Le livre est rangé** sur **le rayon** et **il attend** le lecteur. **La place est libre** et **l'automobiliste peut** stationner.

13 sont ou son

1 Tu regarde**s ton** horoscope. Il regarde **son** horoscope.
Tu adore**s ton** prénom. Il adore **son** prénom.
Tu fais **ton** lit. Il fait **son** lit.
Tu mange**s ton** goûter. Il mange **son** goûter.
Tu protège**s ton** visage. Il protège **son** visage.
Tu invite**s ton** amie. Il invite **son** amie.

2 M. Rey ferme **son (mon)** magasin, car tous les clients **sont (étaient)** sortis. / M. Martinet découvre une facture dans **son (mon)** courrier. / Les spectateurs **sont (étaient)** mécontents ; Liz a écourté **son (mon)** récital. / Les chiens **sont (étaient)** sensibles aux ultrasons.

14 ont ou on

1 Quand **on** veut…, **on** doit… / Les musiciens **ont** enchanté… / **On** ne connaît pas… / Les vitriers **ont** remplacé… / …**on** emprunte l'escalier… / Toutes les cases… **ont** été remplies. / …les touristes **ont** aperçu…

2 Le vacancier visite… / Quand **un coureur** transpire, **il** doit boire. / …**le locataire** a une belle vue. / …**le nageur** flotte.

15 Le présent de l'indicatif des verbes du 1er groupe

1 Tu **gardes**… / Je **me régale**… / Vous ne **bavardez** pas… / Jérémie **écoute**…

2 Nous nous **dirigeons**… / Vous **partagez**… / Les soldes **commencent**… / Nous **effaçons**…

3 Mélanie **emploie**… / …tu **raies**… / Vous **balayez**… / J'**appuie**…

16 Le présent de l'indicatif des verbes des 2e et 3e groupes

1 Vous **réfléchissez**… / Les sportifs **accomplissent**… / Le sauteur à la perche **franchit**… / …nous **remplissons**… / Le bifteck **refroidit**…

2 Madame Mourier **lit**… / Les fleurs **paraissent**… / Je ne **comprends** pas… / Tu **découvres**… / Vous **repartez**… / Nous **buvons**…

17 L'imparfait de l'indicatif

1 Sonia **préparait**… / Nous **aidions**… / L'électricien **essayait**… / Le basketteur **lançait**…

2 Nous **agrandissions**… / Les mauvaises herbes **envahissaient**… / Les enfants **riaient**… / …on ne se **servait** pas…

3 Il **fallait**… / Je ne **connaissais** pas… / Nous **lisions**… / Vous **disiez**…

18 Le futur simple

1 Vous **paierez**… / Nous ne **tutoierons** pas… / Tu **joueras**… / Les élèves **copieront**… / …la pelouse **reverdira**. / La lave et la fumée **jailliront**… / Tu **feras**… / Nous **irons**… / …vous **saurez**… / Les cosmonautes **apercevront**…

En route pour le CM1

1 …vendu très **cher**. / La **chair** de cette volaille…
Le seau est **plein**… / Monsieur Viard se **plaint** du bruit…
…il n'y a **plus** un seul fruit. / Il a **plu** toute la nuit.
Le **vent** violent a abattu… / Le commerçant **vend** des valises…

2 le tir**oir** l'hist**oire** le laborat**oire** la mém**oire**
le mouch**oir** l'arm**oire** le trott**oir** le ras**oir**
le terr**oir** le territ**oire** le répert**oire** la vict**oire**

Achevé d'imprimer en Italie par

LA TIPOGRAFICA VARESE
Società per Azioni
Varese
Dépôt légal : Août 2010
Edition : 02
16/9881/0